Alice In Wonderland
Counted Cross Stitch Pa
Original Art by Sir John Tenniel

Paper Moon Media

Alice in Wonderland Cross Stitch

Alice "Playing Cards"

By

Paper Moon Media Cross Stitch

CONTENTS

1 14 Count Chart   Pg 1

2 18 Count Chart   Pg 24

3 22 Count Chart   Pg 47

Sample Chart

14 Count: Alice in Wonderland Cross Stitch "Playing Cards"

49 colors

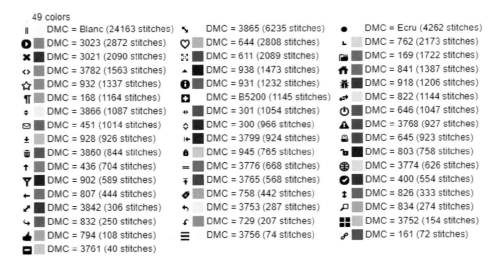

	DMC = Blanc (24163 stitches)		DMC = 3865 (6235 stitches)		DMC = Ecru (4262 stitches)
	DMC = 3023 (2872 stitches)		DMC = 644 (2808 stitches)		DMC = 762 (2173 stitches)
	DMC = 3021 (2090 stitches)		DMC = 611 (2089 stitches)		DMC = 169 (1722 stitches)
	DMC = 3782 (1563 stitches)		DMC = 938 (1473 stitches)		DMC = 841 (1387 stitches)
	DMC = 932 (1337 stitches)		DMC = 931 (1232 stitches)		DMC = 918 (1206 stitches)
	DMC = 168 (1164 stitches)		DMC = B5200 (1145 stitches)		DMC = 822 (1144 stitches)
	DMC = 3866 (1087 stitches)		DMC = 301 (1054 stitches)		DMC = 646 (1047 stitches)
	DMC = 451 (1014 stitches)		DMC = 300 (966 stitches)		DMC = 3768 (927 stitches)
	DMC = 928 (926 stitches)		DMC = 3799 (924 stitches)		DMC = 645 (923 stitches)
	DMC = 3860 (844 stitches)		DMC = 945 (765 stitches)		DMC = 803 (758 stitches)
	DMC = 436 (704 stitches)		DMC = 3776 (668 stitches)		DMC = 3774 (626 stitches)
	DMC = 902 (589 stitches)		DMC = 3765 (568 stitches)		DMC = 400 (554 stitches)
	DMC = 807 (444 stitches)		DMC = 758 (442 stitches)		DMC = 826 (333 stitches)
	DMC = 3842 (306 stitches)		DMC = 3753 (287 stitches)		DMC = 834 (274 stitches)
	DMC = 832 (250 stitches)		DMC = 729 (207 stitches)		DMC = 3752 (154 stitches)
	DMC = 794 (108 stitches)		DMC = 3756 (74 stitches)		DMC = 161 (72 stitches)
	DMC = 3761 (40 stitches)				

78000 stitches (250x312)

Size of completed picture: 14 Count Aida -> 45.36cm x 56.62cm (17.86" x 22.29")

Page order overview:

1	2	3	4	5
6	7	8	9	10
11	12	13	14	15
16	17	18	19	20

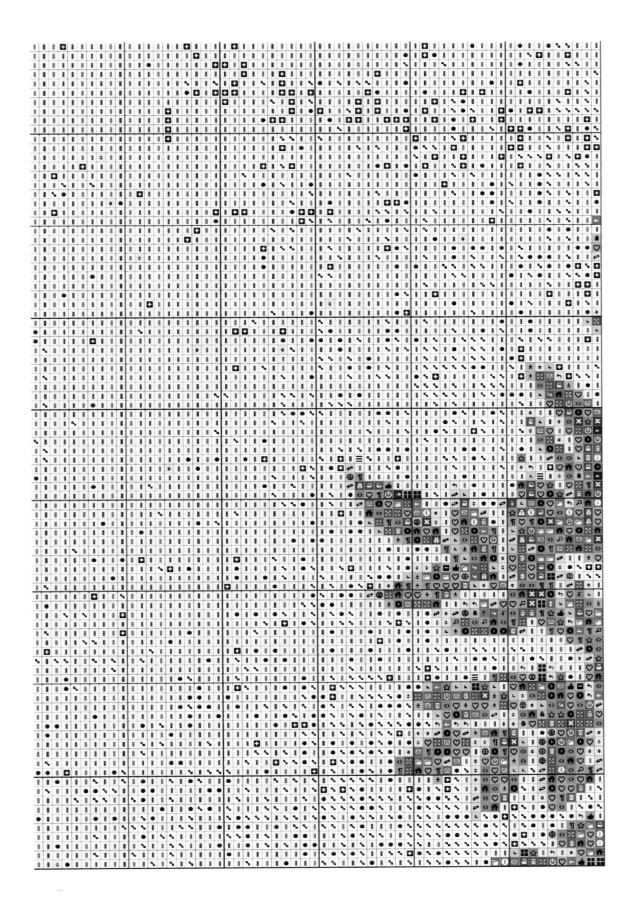

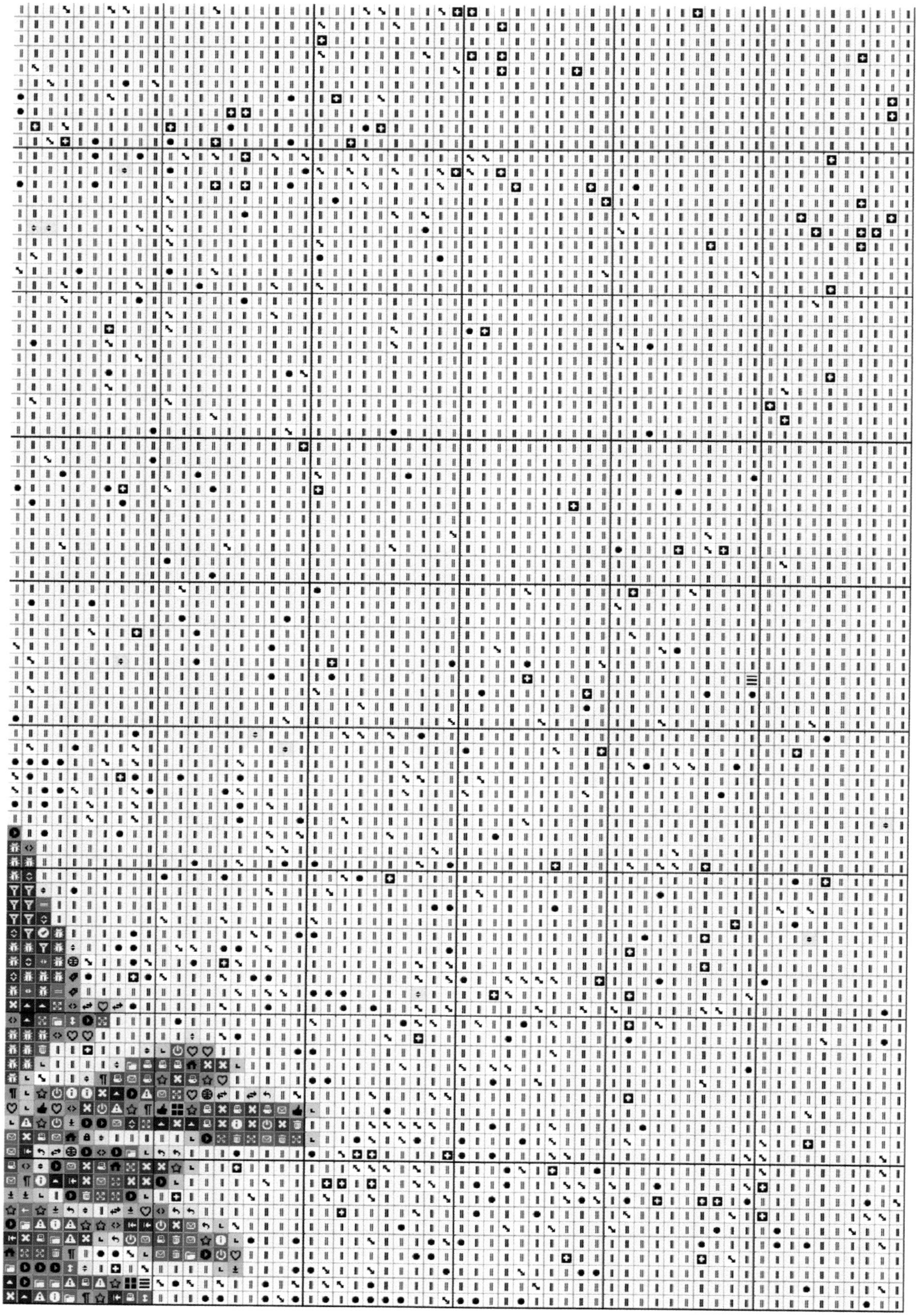

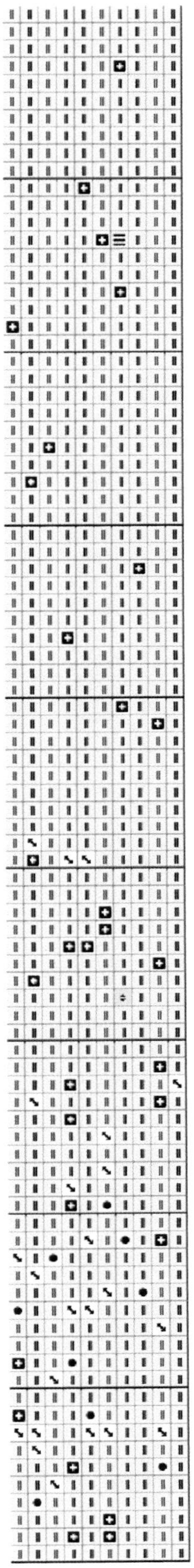

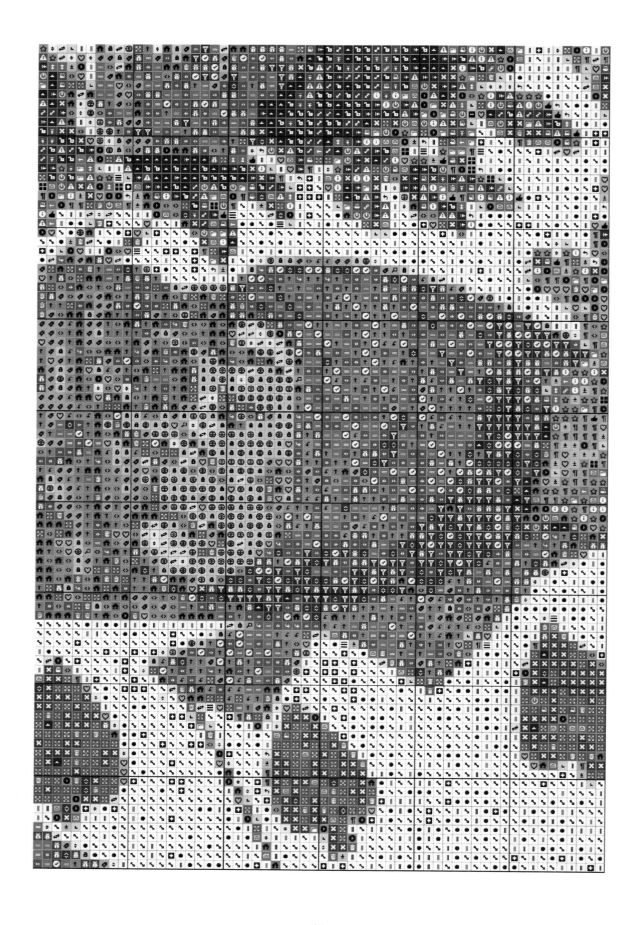

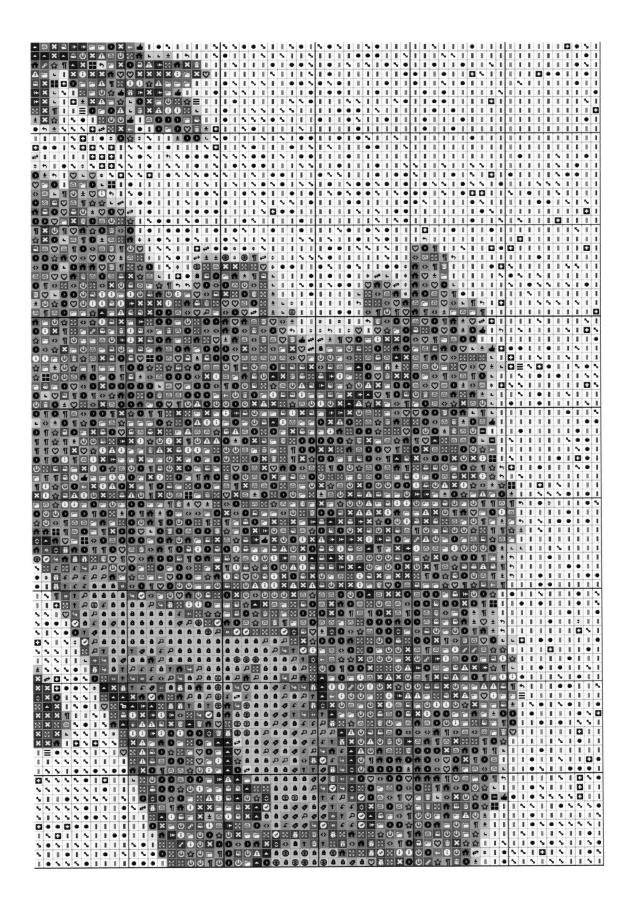

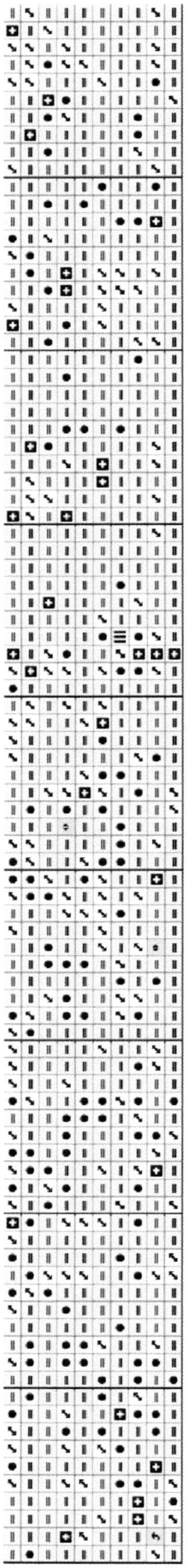

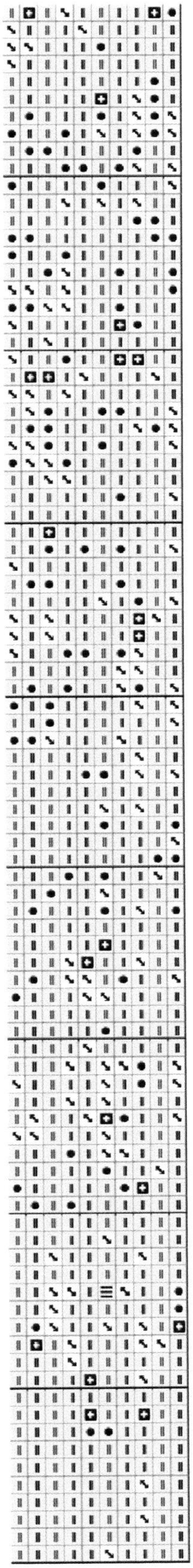

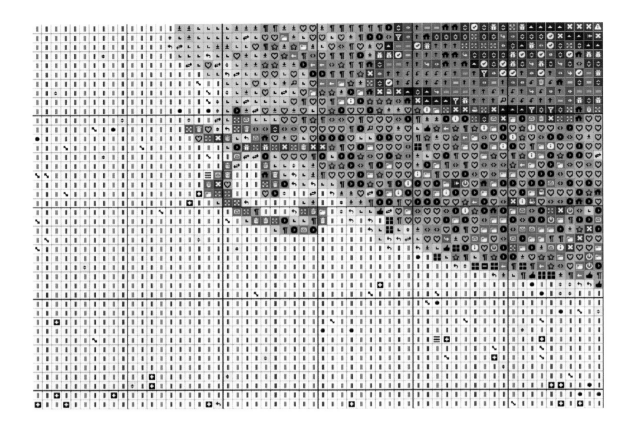

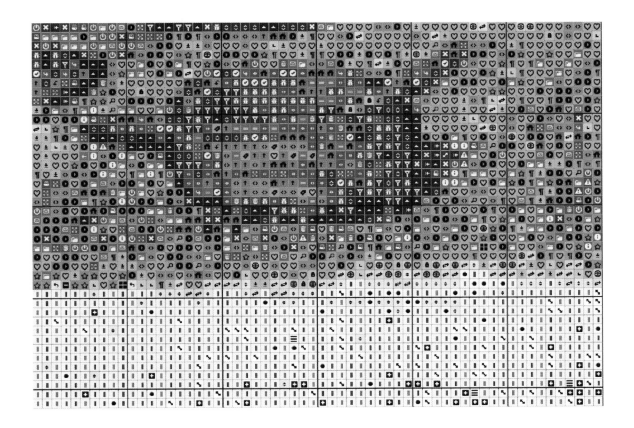

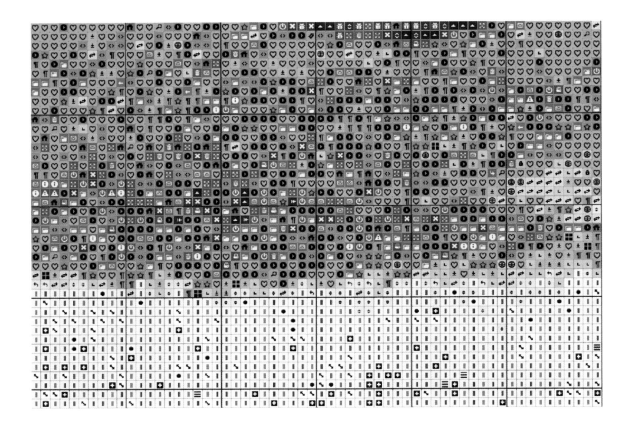

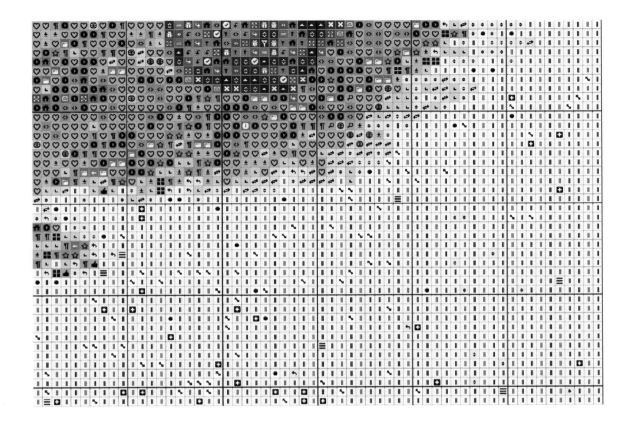

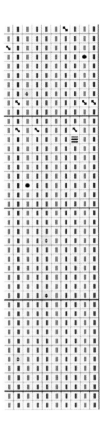

18 Count: Alice in Wonderland Cross Stitch "Playing Cards"

49 colors

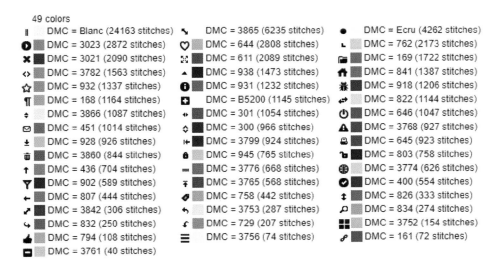

‖	DMC = Blanc (24163 stitches)	↘	DMC = 3865 (6235 stitches)	●	DMC = Ecru (4262 stitches)
◑	DMC = 3023 (2872 stitches)	♡	DMC = 644 (2808 stitches)	∟	DMC = 762 (2173 stitches)
✖	DMC = 3021 (2090 stitches)	⋈	DMC = 611 (2089 stitches)	▣	DMC = 169 (1722 stitches)
◇	DMC = 3782 (1563 stitches)	▲	DMC = 938 (1473 stitches)	♠	DMC = 841 (1387 stitches)
☆	DMC = 932 (1337 stitches)	❶	DMC = 931 (1232 stitches)	✳	DMC = 918 (1206 stitches)
¶	DMC = 168 (1164 stitches)	✚	DMC = B5200 (1145 stitches)	↩	DMC = 822 (1144 stitches)
✦	DMC = 3866 (1087 stitches)	✦	DMC = 301 (1054 stitches)	⏻	DMC = 646 (1047 stitches)
✉	DMC = 451 (1014 stitches)	◆	DMC = 300 (966 stitches)	▲	DMC = 3768 (927 stitches)
±	DMC = 928 (926 stitches)	↤	DMC = 3799 (924 stitches)	⊟	DMC = 645 (923 stitches)
�️	DMC = 3860 (844 stitches)	❶	DMC = 945 (765 stitches)	⅓	DMC = 803 (758 stitches)
↑	DMC = 436 (704 stitches)	=	DMC = 3776 (668 stitches)	⊕	DMC = 3774 (626 stitches)
▼	DMC = 902 (589 stitches)	∓	DMC = 3765 (568 stitches)	✔	DMC = 400 (554 stitches)
←	DMC = 807 (444 stitches)	◐	DMC = 758 (442 stitches)	↕	DMC = 826 (333 stitches)
↗	DMC = 3842 (306 stitches)	↰	DMC = 3753 (287 stitches)	ᴩ	DMC = 834 (274 stitches)
↪	DMC = 832 (250 stitches)	⌐	DMC = 729 (207 stitches)	▦	DMC = 3752 (154 stitches)
👍	DMC = 794 (108 stitches)	≡	DMC = 3756 (74 stitches)	℘	DMC = 161 (72 stitches)
⊟	DMC = 3761 (40 stitches)				

78000 stitches (250x312)

Size of completed picture: 18 Count Aida -> 35.28cm x 44.02cm (13.89" x 17.33")

Page order overview:

1	2	3	4	5
6	7	8	9	10
11	12	13	14	15
16	17	18	19	20

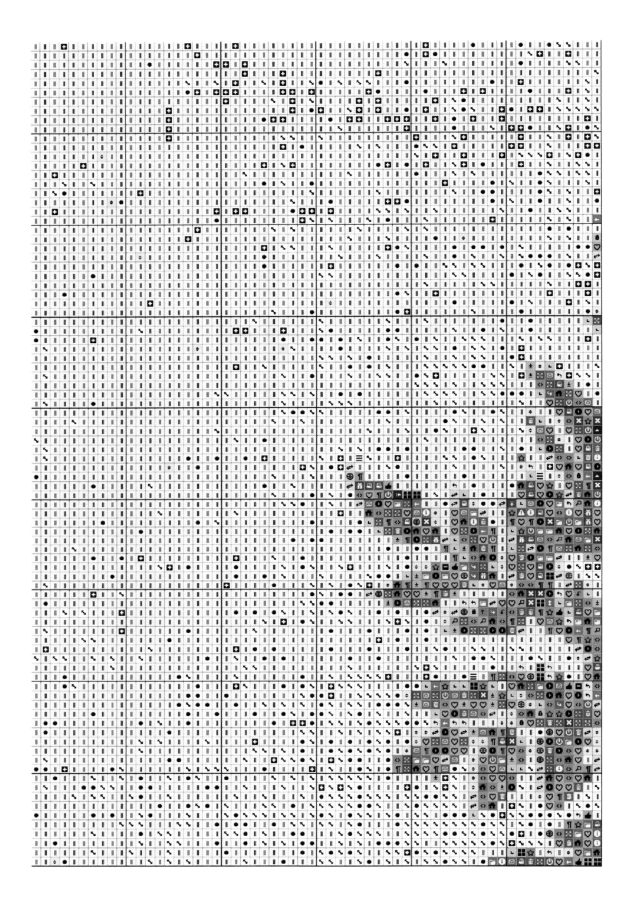

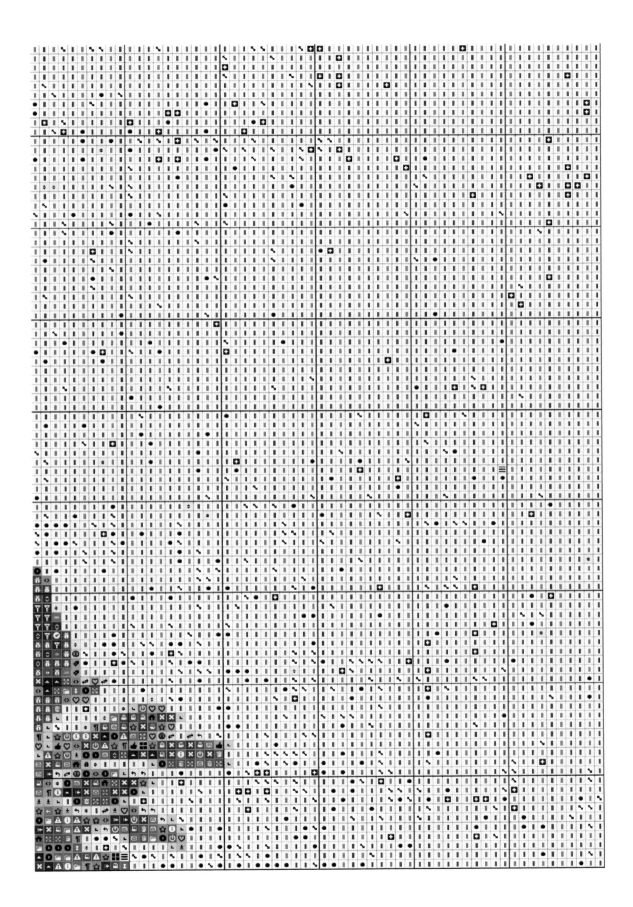

30

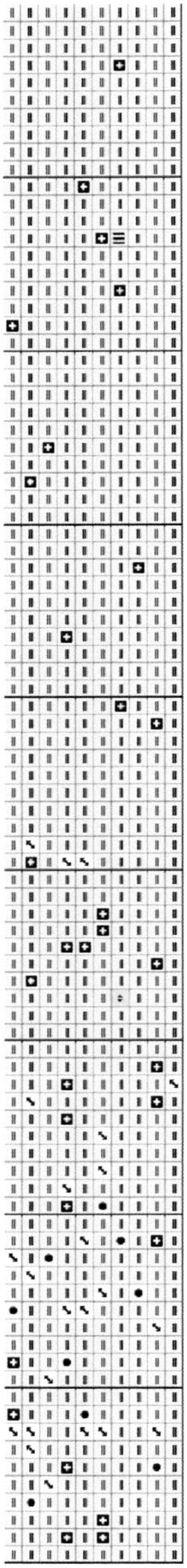

34

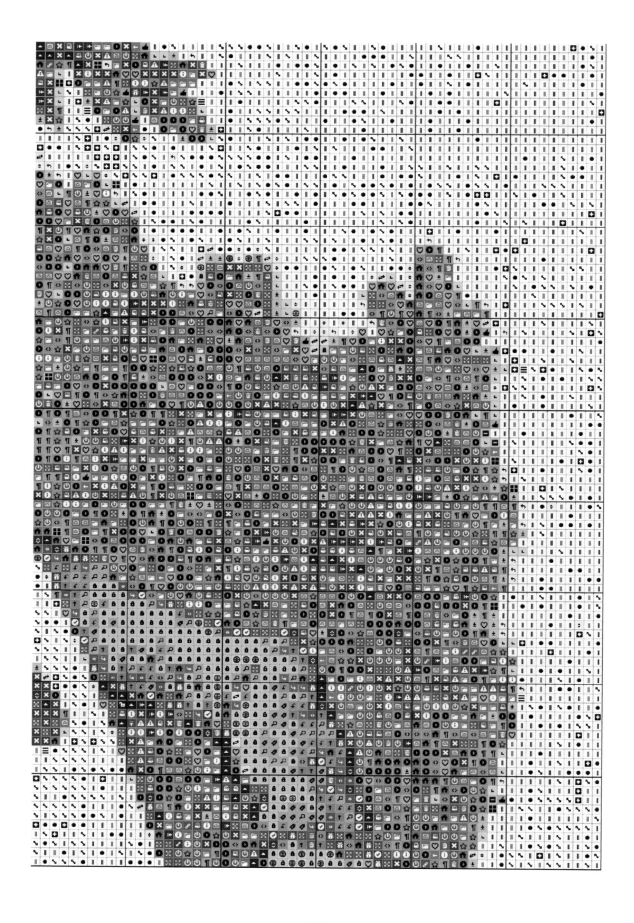

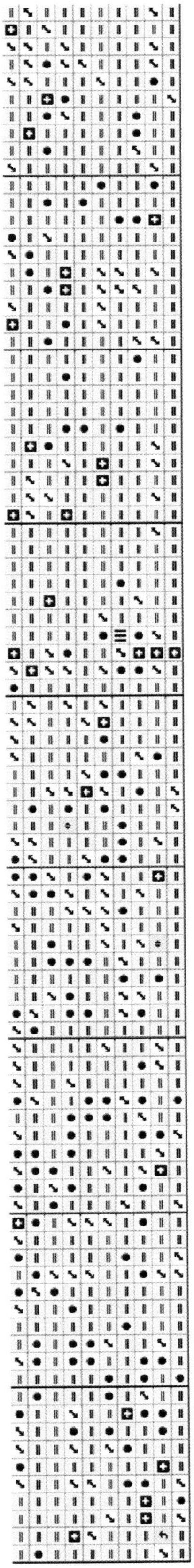

40

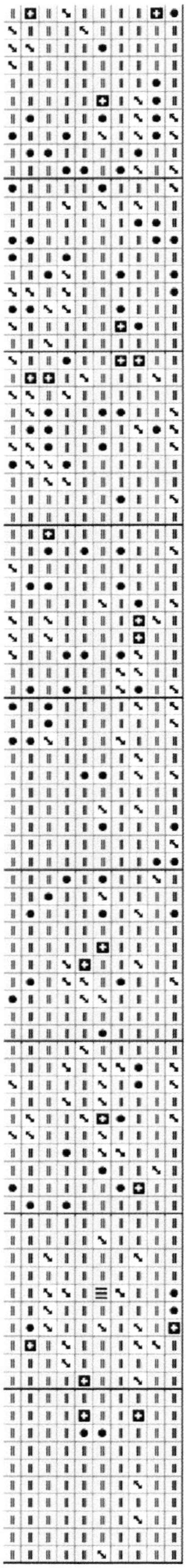

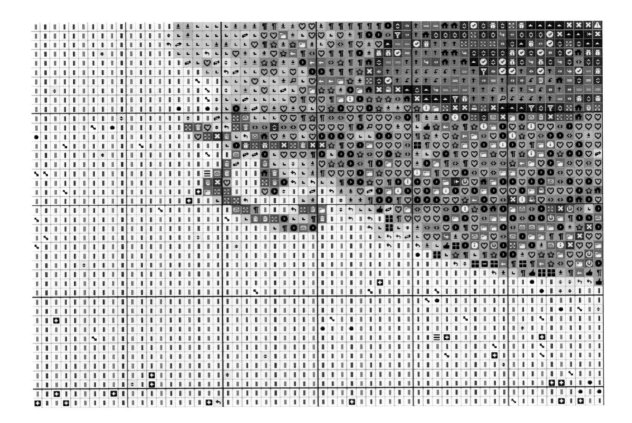

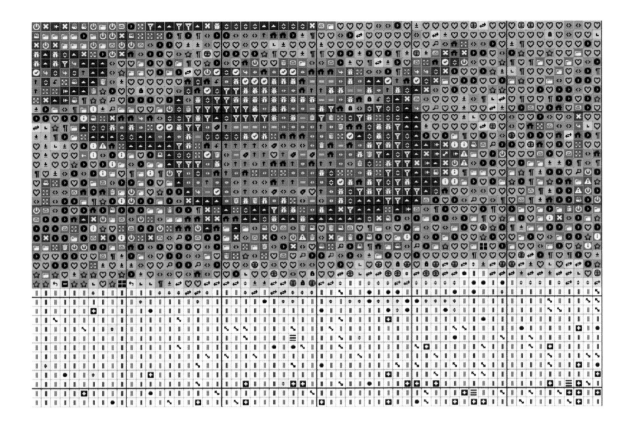

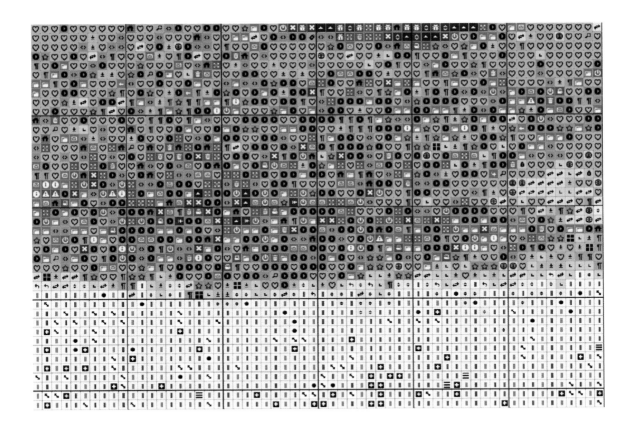

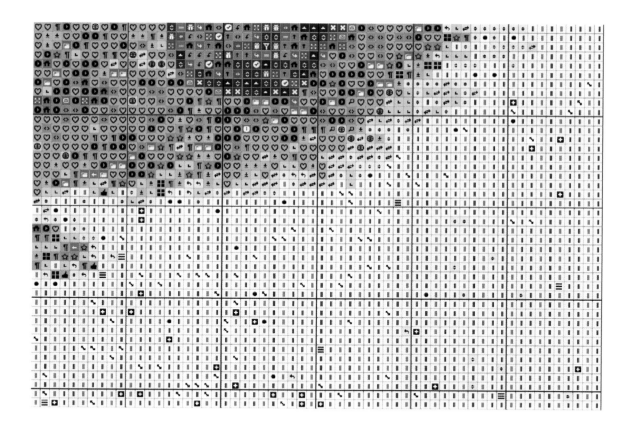

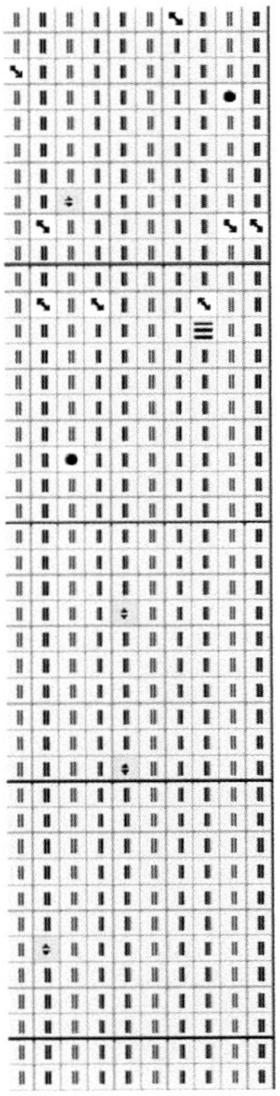

31 colors

‖ DMC = Blanc (24765 stitches)	↘ DMC = 3865 (9596 stitches)	● DMC = 524 (4227 stitches)
◐ DMC = 453 (3698 stitches)	♡ DMC = 451 (3271 stitches)	∟ DMC = 646 (3157 stitches)
✘ DMC = 3021 (3030 stitches)	⁑ DMC = 221 (2838 stitches)	⊟ DMC = 840 (2122 stitches)
‹› DMC = 612 (2089 stitches)	▲ DMC = 3866 (1954 stitches)	⌂ DMC = 762 (1905 stitches)
☆ DMC = 3750 (1640 stitches)	❶ DMC = 301 (1438 stitches)	⁂ DMC = 938 (1375 stitches)
¶ DMC = 931 (1288 stitches)	✚ DMC = 543 (1262 stitches)	↩ DMC = 928 (1119 stitches)
‡ DMC = 813 (1115 stitches)	⊕ DMC = B5200 (1073 stitches)	⏻ DMC = 647 (993 stitches)
✉ DMC = 437 (782 stitches)	◇ DMC = 3776 (761 stitches)	⚠ DMC = 334 (632 stitches)
± DMC = 3072 (469 stitches)	⟻ DMC = 3753 (355 stitches)	⊟ DMC = 926 (253 stitches)
⌷ DMC = 834 (241 stitches)	⚏ DMC = 827 (143 stitches)	⍾ DMC = 3756 (91 stitches)
↑ DMC = 3743 (68 stitches)		

77750 stitches (250x311)

Size of completed picture: 22 Count Aida -> 28.85cm x 35.92cm (11.36" x 14.14")

Page order overview:

1	2	3	4	5
6	7	8	9	10
11	12	13	14	15
16	17	18	19	20

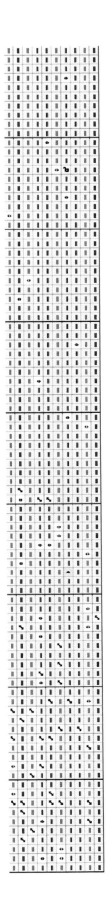

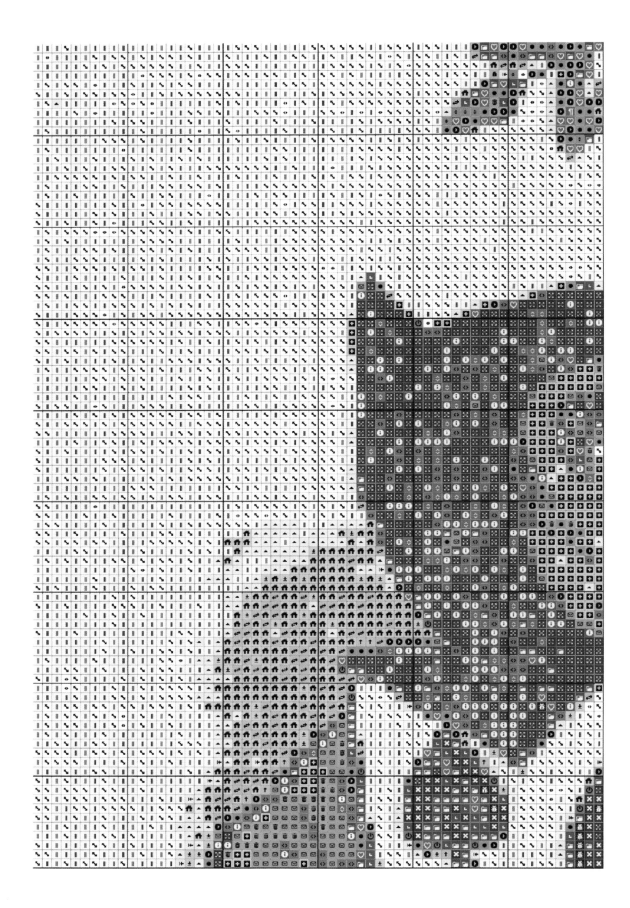

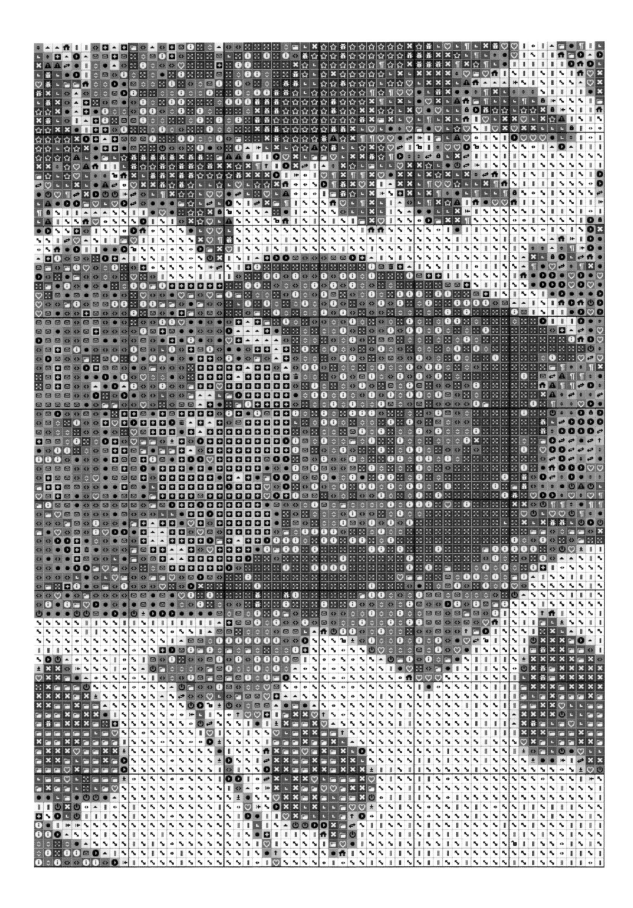

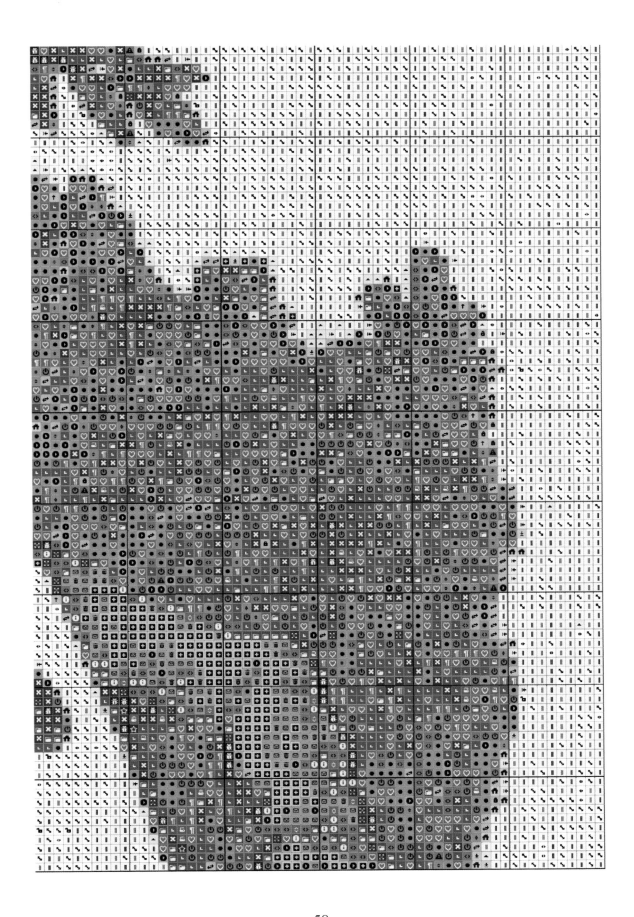

59

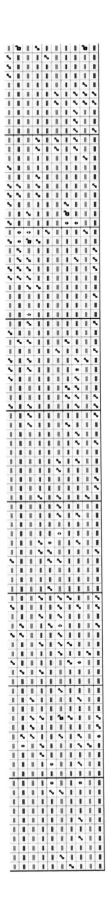

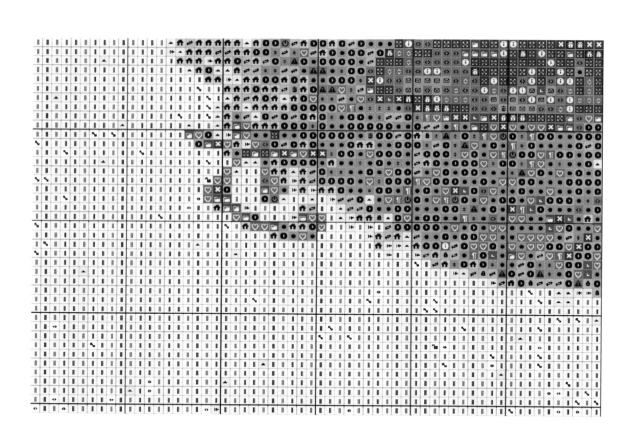

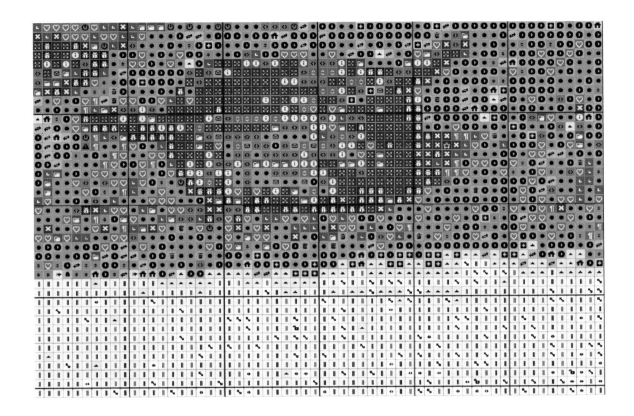

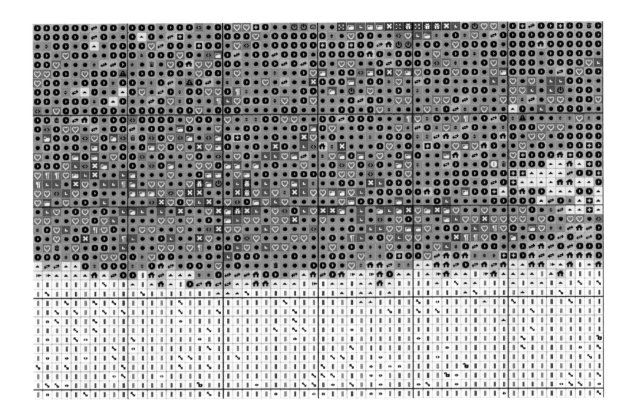

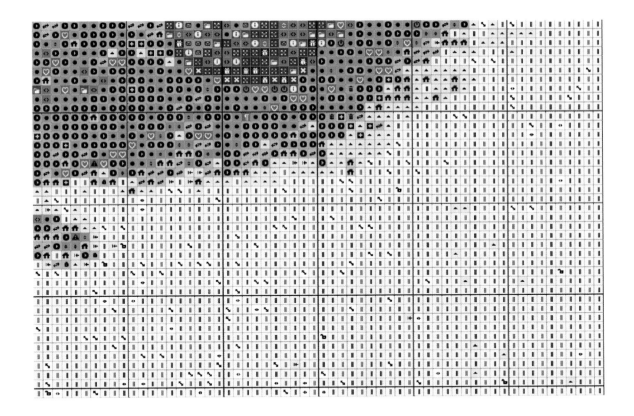

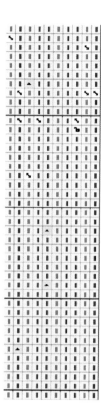

Printed in Great Britain
by Amazon